NOTICE

SUR

LES TRAVAUX

DE

M. ÉMILE CLAPEYRON,

INGÉNIEUR EN CHEF DES MINES.

PARIS,

IMPRIMERIE DE MALLET-BACHELIER,

RUE DU JARDINET, 12.

—

1858.

NOTICE

SUR

LES TRAVAUX

DE

M. ÉMILE CLAPEYRON,

INGÉNIEUR EN CHEF DES MINES.

Après quatre années d'études à l'École Polytechnique et à l'École des Mines, je suis parti avec M. Lamé pour Saint-Pétersbourg, où pendant onze ans j'ai exercé les fonctions de professeur dans une école destinée à former les ingénieurs du corps des Voies de communication.

Je fus en même temps chargé de travaux assez importants de construction à Saint-Pétersbourg et dans les environs. Appelé ainsi à des études à la fois théoriques et pratiques, mon attention fut dirigée principalement vers les applications de la science à l'art de l'ingénieur; un cours de Mécanique appliquée me fut confié à cette époque. Le résumé de mes Leçons fut lithographié et contient un développement du principe des forces vives, résultat d'études auxquelles je me livrai à cette époque avec M. Lamé. L'application de ce principe au calcul des moteurs dont nous avions puisé le germe dans des travaux de M. Petit, n'avait pas pris encore le degré de clarté et de généralité qu'elle a atteint depuis, et nos recherches sur ce sujet important avaient un caractère de nouveauté à cette époque où les travaux de MM. Navier et Poncelet n'étaient pas encore connus à Saint-Pétersbourg.

On s'occupait alors de la construction de l'église de Saint-Isaac. L'examen d'une question particulière à laquelle donna lieu ce grand travail, nous conduisit à l'étude de la théorie des voûtes, et fut l'origine d'un Mémoire sur leur stabilité, présenté à l'Académie des Sciences en 1822, et sur lequel M. de Prony a fait un Rapport favorable, dont voici la conclusion :

« Abstraction faite du mérite de l'invention pour ce qui est relatif aux
» bases de théorie générale, le travail de MM. Lamé et Clapeyron n'en est
» pas moins digne d'éloges sur plusieurs objets de détail : la construction
» géométrique du point de rupture, les problèmes résolus dans le supplé-
» ment du Mémoire offrent des résultats curieux et nouveaux ; la marche
» de l'analyse concernant deux espèces de voûtes est conduite avec adresse
» et élégance. L'application qu'ils ont faite aux voûtes en dôme des formules
» établies pour les voûtes en berceau, quoique augmentant les chances
» d'incertitude dans les résultats, offre des moyens de vérification qui ne
» sont pas à négliger. En général, leur exposition a de la netteté et même
» de l'originalité, et nous les croyons très-capables d'appliquer utilement
» l'analyse aux recherches physico-mathématiques. Si l'Académie partage
» à cet égard notre façon de penser, son opinion sera pour MM. Lamé et
» Clapeyron un puissant encouragement à continuer leurs recherches sur les
» questions qui intéressent les arts de construction et qui fournissent encore
» aux ingénieurs savants et laborieux de grands moyens de se distinguer. »

Les *Annales des Mines*, année 1824, 5ᵉ livraison, contiennent un Mémoire sur le tracé des engrenages, et la quantité de force vive absorbée par le frottement des dents.

On s'occupait beaucoup, à cette époque, de la construction des ponts suspendus et de vastes couvertures en charpente destinées à abriter de grandes masses de soldats s'exerçant au maniement des armes; nous étudiâmes à cette occasion la théorie des polygones funiculaires : nos recherches furent publiées dans le *Journal des Voies de communication*, Saint-Pétersbourg, 1827, nᵒ 2, — le *Journal du Génie civil*, Paris, novembre 1828; — le *Bulletin des Sciences mathématiques* de FÉRUSSAC, mai 1828.

Le *Bulletin des Sciences* apprécie ce travail dans les termes suivants :

« Des lignes successives, proportionnelles et parallèles aux forces qui
» agissent sur les sommets d'un polygone funiculaire, forment un contour
» polygonal qui jouit de cette propriété, que des lignes menées de ses extré-
» mités et de ses sommets à un même point quelconque de l'espace sont
» respectivement parallèles et proportionnelles aux tensions éprouvées par
» les différents côtés du polygone proposé. A l'aide de ce théorème, dont
» la démonstration est très-simple, on résout par des constructions faciles
» plusieurs problèmes relatifs aux polygones funiculaires, qui ont une uti-
» lité pratique. »

Le *Journal des Voies de communication*, Saint-Pétersbourg, 1827, n° 10, et le *Bulletin des Sciences mathématiques* de l'Érussac, mai 1829, ont publié un Mémoire de nous, contenant une solution mécanique de divers problèmes relatifs aux moindres distances de transport, et au tracé d'une route destinée à desservir un certain nombre de points d'une importance déterminée. Une analyse de ce Mémoire a été faite dans le *Bulletin des Sciences*, par M. Sturm.

Vers la même époque, M. Lamé et moi, nous nous occupions d'une question importante, qui embrasse à elle seule la théorie presque complète de la résistance des matériaux, et que l'on peut énoncer ainsi :

Comment se propagent, dans l'intérieur d'un corps solide et élastique en équilibre, les pressions exercées sur sa surface? Comment le principe de l'égalité de pression admis dans l'équilibre des corps liquides ou gazeux se trouve-t-il modifié dans les corps solides?

Cette dernière question a été complétement résolue par nous; la première ne l'a été que dans un certain nombre de cas simples, qui, au reste, n'embrassent pas encore tous les problèmes dont la pratique demanderait la solution rigoureuse. Voici ce qu'écrivit, sur ce travail, l'illustre Fourier, secrétaire perpétuel, dans un compte rendu annuel des travaux de l'Académie des Sciences :

« MM. Lamé et Clapeyron ont présenté à l'Académie un ouvrage ma-
» nuscrit qui a fixé l'attention des géomètres, et dans lequel ils considèrent,
» sous les rapports mathématiques et physiques, l'équilibre des corps so-
» lides et homogènes. MM. Poinsot et Navier rapporteur ont examiné ce
» travail, et en ont rendu un compte très-favorable. Ces questions ne sont
» pas du nombre de celles dont on peut donner une juste idée dans une
» analyse succincte. Les recherches dont il s'agit seront imprimées par ordre
» de l'Académie, et alors les géomètres apprécieront toute l'importance de
» ce travail, et les méthodes d'analyse que les auteurs ont suivies. On fait
» remarquer, dans le Rapport, que les équations différentielles qui repré-
» sentent les conditions d'équilibre des corps élastiques ont été données,
» pour la première fois, par M. Navier; elles se trouvent dans un Mémoire
» qu'il a présenté en 1821, dont un extrait a été publié peu de temps après,
» et qui est imprimé en entier dans le tome VII de nos Mémoires; c'est
» dans cet écrit qu'on expose l'idée fondamentale des recherches d'analyse
» sur les corps élastiques. MM. Lamé et Clapeyron ont employé les mêmes
» principes physiques, et ils ont poursuivi avec un grand succès ce genre
» de recherches. Messieurs les Commissaires ont remarqué que dans les

» *Exercices de Mathématiques* publiés par M. Cauchy, on trouve aussi plu-
» sieurs propositions relatives à la pression intérieure dans les solides, dont
» quelques-unes avaient été données antérieurement par Fresnel, et qui
» sont analogues à celles de MM. Lamé et Clapeyron. Les auteurs du Mé-
» moire font remarquer que la théorie exposée dans leur ouvrage diffère
» essentiellement de celle qui a été employée par M. Cauchy. Les Commis-
» saires s'abstiennent de parler des recherches publiées après la présenta-
» tion du Mémoire qu'ils ont examiné. Ils exposent aussi plusieurs consé-
» quences très-remarquables que les auteurs ont obtenues en traitant
» diverses questions qui intéressent la physique et les arts. Le dernier cha-
» pitre de l'ouvrage de MM. Lamé et Clapeyron est consacré à des ques-
» tions analytiques d'un ordre plus élevé. Dans cette partie du Mémoire
» (ajoutent Messieurs les Commissaires), on retrouve les formes analytiques
» propres aux questions de la théorie de la chaleur, et qui semblent desti-
» nées à donner aux géomètres l'expression mathématique des phénomènes
» naturels les plus importants et les plus divers.

» En terminant leur Rapport, les Commissaires remarquent que plusieurs
» géomètres ont traité cette nouvelle théorie d'après des principes sur les-
» quels on ne s'accorde pas généralement. Ceux que les auteurs ont suivis
» ne diffèrent pas des notions fondamentales que le Rapporteur lui-même
» avait établies. Toutefois ce n'est pas d'après cette conformité qu'on a jugé
» du mérite de l'ouvrage de MM. Lamé et Clapeyron. La Commission pense
» que le temps et l'assentiment des géomètres sont nécessaires pour fixer les
» idées sur des questions de cette nature; elle ne propose donc aucune opi-
» nion sur ce point, et réserve expressément cette partie de la discussion :
» mais appréciant, sous d'autres points de vue, le travail important des au-
» teurs du Mémoire, elle y reconnaît un mérite remarquable, qui le rend
» digne de l'approbation de l'Académie, et propose que ce travail soit im-
» primé dans la collection des *Mémoires des Savants étrangers.* »
L'Académie a adopté ces conclusions.

L'intégration dans des cas plus généraux des équations différentielles a
été, depuis ce temps, l'objet presque exclusif de nos recherches analytiques;
elles nous conduisirent à des formules nouvelles, analogues aux séries de
Taylor et de *Maclaurin*, et à un moyen de développer des fonctions arbi-
traires, suivant des séries de lignes trigonométriques d'arcs imaginaires, qui
ont été publiées dans le *Journal de Mathématiques* de CRELLE.

Vers la même époque, M. Lamé présenta, en son nom et au mien, à l'Académie, une Note sur les lois du refroidissement et de la solidification d'un globe liquide, qui fut insérée dans les *Annales de Chimie et de Physique*, année 1831.

De retour en France après la révolution de 1830, mes occupations prirent un caractère plus pratique; je rédigeai cependant, vers cette époque, un travail sur les quantités de chaleur dégagées ou absorbées dans les changements de volume ou d'état qu'éprouvent les corps, et qui fut publié dans le *Journal de l'École Polytechnique*. Ce travail a été souvent cité par les personnes qui se sont occupées depuis de la Théorie mécanique de la chaleur. Je puis me référer sur ce point à l'appréciation qu'a bien voulu en faire M. Reech dans la lecture faite par lui à l'Académie dans sa séance du 11 janvier 1858.

Peu de temps après, je fis paraître dans les *Annales des Mines* une Note sur un théorème de mécanique, dont voici l'énoncé :

Lorsqu'un corps solide se meut d'un mouvement uniforme dans un fluide pondérable en repos, la résistance éprouvée par le corps solide dans une direction déterminée est égale à la quantité de mouvement estimé dans le même sens qu'imprime le corps solide dans l'unité de temps au fluide ambiant.

On déduit de cet énoncé des conséquences importantes sur la force spécifique des animaux ailés qui paraît être très-supérieure à celle des quadrupèdes, et sur la vitesse de propagation des grandes ondes.

Frappé, à cette époque, de l'avenir des chemins de fer inauguré par le succès de la grande expérience de ces voies nouvelles entre Manchester et Liverpool, je conçus l'idée, et rédigeai les projets du chemin de fer de Paris à Saint-Germain; mais, en attendant que les circonstances financières permissent la réalisation de cette pensée, je fus appelé à Saint-Étienne comme professeur à l'École des Mineurs, où l'on me confia un cours de construction.

Chargé par M. le directeur général des Ponts et Chaussées et des Mines de faire des expériences sur la résistance des wagons en usage sur les chemins de fer, je composai sur ce sujet un Mémoire qui fut envoyé à l'administration des Travaux publics. A cette occasion fut construite, pour la première fois et sur mes dessins, la machine à roulette destinée à intégrer les quantités d'actions développées par les moteurs ou absorbées par les résistances, et dont M. Poncelet m'avait fourni l'idée. Je constatai un fait que j'ai eu occasion de vérifier depuis fréquemment, que dans des wagons bien montés, bien graissés, et en service depuis un temps prolongé, les coefficients de frottement sur les fusées s'abaissent beaucoup au-dessous des chiffres que l'on donne dans les ouvrages de physique.

Une compagnie s'étant formée, en 1834, pour la construction du chemin de fer de Paris à Saint-Germain, je fus chargé, conjointement avec MM. Lamé et Stéphane Mony, de la direction des travaux. Après m'être aidé de ce que j'avais vu en Angleterre, j'eus le bonheur, à une époque où les règles de la construction étaient encore indécises, où la science n'était pas encore faite, où les entrepreneurs et les ouvriers avaient tout à apprendre, de réussir à créer un matériel fixe et un matériel roulant qu'a sanctionné l'expérience, et dont les constructeurs, venus ensuite, se sont, en général, peu écartés. Des recherches variées faites à cette occasion sur la construction des arches biaises me conduisirent à faire concurremment l'application de l'appareil hélicoïdal exclusivement en usage en Angleterre et de l'appareil orthogonal imaginé par moi aux différents ponts biais que j'ai eu à construire. Les méthodes graphiques déduites de la théorie des courbes de pression et décrites plus tard, furent appliquées pour la première fois, je crois, par M. Lefort et par moi au calcul des voûtes du souterrain de la place de l'Europe, des souterrains des Batignolles et de nos autres ouvrages d'arts des chemins de fer de Saint-Germain et de Versailles.

Les méthodes imaginées par moi pour la construction des souterrains de Saint-Cloud et de l'entrée dans Paris ont été souvent imitées et sont décrites dans les ouvrages destinés à l'enseignement.

La nécessité de pousser très-activement les travaux de terrassement me donna l'idée d'un appareil souvent employé depuis, et que les ouvriers ont nommé *Baleine*; il se compose d'une poutre en charpente appuyée à une extrémité sur le remblai, à l'autre sur un étai élevé porté sur un chariot roulant sur un chemin de fer, posé sur le terrain naturel. Les wagons, à mesure qu'ils sont déchargés, sont conduits sur la poutre, réunis ensemble et enlevés tous à la fois.

Diverses dispositions très-simples devenues depuis d'un usage général en France et à l'étranger, destinées à économiser la main-d'œuvre ou à assurer la sécurité du service, furent imaginées et appliquées par moi; je citerai entre autres les chariots roulants établis dans les premiers ateliers du chemin de Saint-Germain, et qui ne furent employés que plus tard sur les chemins de fer anglais, les disques-signaux perfectionnés depuis par l'emploi d'appareils permettant de les manœuvrer à distance, et qui contribuèrent efficacement à l'organisation d'un service d'exploitation exempt d'accidents sérieux.

Vers cette époque, on faisait en Angleterre l'application sur une très-grande échelle d'un mode nouveau de propulsion sur les chemins de fer

connu sous le nom de *système atmosphérique*. La compagnie du chemin
de fer de Saint-Germain confia à M. Flachat, comme ingénieur en chef,
et à moi comme ingénieur conseil, la construction sur ce principe du
chemin de fer qui conduit les voyageurs et les marchandises du bois
du Vésinet sur le plateau de Saint-Germain. Pendant que ce mode de
propulsion, qui a coûté à l'Angleterre des sommes énormes, est partout
abandonné, l'appareil atmosphérique de Saint-Germain, construit avec
un soin particulier, a continué de fonctionner avec succès, et témoigne
de l'utilité dont peut être son emploi dans quelques cas exceptionnels. Je
fis à cette occasion des expériences très-concluantes sur la possibilité de
faire fonctionner à grande vitesse les pistons des machines destinées à
aspirer l'air, en remplaçant les soupapes, inapplicables dans ce cas, par un
jeu de tiroirs. Cette disposition, qui permet de réduire dans de fortes pro-
portions les dimensions des appareils, a été adoptée depuis dans la construction de beaucoup de machines soufflantes; de beaux spécimens de ce
genre de machines ont été remarqués à la dernière Exposition univer-
selle.

Dans cette circonstance, cependant, nous crûmes devoir nous en tenir à
l'emploi des grands cylindres et des faibles vitesses, en attendant qu'une
plus longue expérience eût consacré l'emploi des procédés économiques que
j'avais imaginés et expérimentés.

L'exploitation des chemins de fer de Saint-Germain et de Versailles avait
appelé mon attention sur les perfectionnements à apporter à la distribution
de la vapeur dans les machines locomotives. Une pratique bien connue
de nos mécaniciens anglais sous le nom d'*avance du tiroir*, avait été le
point de départ de mes recherches. Je présentai à l'Académie, en 1842,
un Mémoire sur les modifications apportées par moi sur ce point à la
plupart de nos machines locomotives : elles avaient pour résultat de
produire une détente fixe sur une portion de la course du piston, variant
du quart au tiers, par un simple changement dans le calage de l'excentrique
et dans la largeur des brides des tiroirs.

Les faits qui sont relatés dans mon Mémoire résultent bien plus d'expériences d'atelier que d'expériences scientifiques, difficiles à combiner avec
les besoins d'un service actif et les occupations absorbantes de la pratique
de l'art de l'ingénieur; néanmoins les résultats furent assez saillants pour
faire la conviction des hommes de métier, et ils peuvent être considérés
comme définitivement acquis à la pratique.

Les conclusions de mon Mémoire ont reçu également la sanction de l'Académie, sur la proposition d'une Commission composée de MM. Poncelet, Piobert et Lamé rapporteur.

La Commission a joint à son Rapport une Note additionnelle qui constate la part qu'ont prise à cette découverte plusieurs ingénieurs, tant en Angleterre qu'en France. Il en résulte que cette méthode fut introduite pour la première fois dans la construction des machines locomotives, en Angleterre en 1840, et en France à la même époque, dans la machine le Creusot, modifiée d'après mes dessins. Il paraît que des procédés analogues avaient été déjà appliqués à des machines de marine, et que les premiers pas faits dans cette voie remontent à des traditions laissées par Watt. Une Note insérée par M. l'inspecteur général Baude, dans les *Annales des Ponts et Chaussées*, expose avec tous les développements désirables le résultat de mes recherches sur ce sujet.

Dès l'origine de la construction du matériel roulant du chemin de fer de Saint-Germain, la question des ressorts avait éveillé mon attention. J'avais été frappé de cette circonstance que si on calcule la flexion de ressorts de diverse nature à l'aide des formules connues, et qu'on multiplie la flexion par le poids qui les fait fléchir, on trouve un produit égal au carré de la tension maxima, multiplié par le coefficient d'élasticité et le $\frac{1}{3}$ du volume du ressort. Dans le cas d'un ressort composé d'une tige prismatique verticale, la formule est la même, seulement le coefficient $\frac{1}{3}$ est remplacé par 1. Je fus ainsi conduit à rechercher si ces résultats si simples, et jusqu'à un certain point indépendants de la forme des ressorts, ne dérivaient pas d'une loi générale. Cette loi peut s'énoncer ainsi : « Un corps élastique homogène, étant soumis
» à des efforts extérieurs, change de forme; des pressions se développent
» dans son intérieur; nommant E le coefficient d'élasticité, A, B et C des
» fonctions de x, y et de z, représentant les pressions principales qui résul-
» tent pour chaque point de l'action des forces extérieures (*voir* notre Mé-
» moire déjà cité sur l'équilibre intérieur des corps élastiques), on trouve
» que le produit des forces extérieures par la flexion projetée sur la direction
» des forces sera égale à l'intégrale triple

$$\text{E} \iiint dx \, dy \, dz \left[\text{A}^2 + \text{B}^2 + \text{C}^2 - \frac{1}{2}(\text{AB} + \text{AC} + \text{BC}) \right]. \text{ »}$$

Dans les applications ordinaires relatives à la résistance des matériaux, on suppose qu'une des pressions principales subsiste seule, et pour les formes adoptées d'ordinaire dans la construction des ressorts et qui se rapportent à celles des solides d'égale résistance, on tombe sur la formule $\frac{1}{3} ET^2 V$, dans laquelle T représente la tension maxima et V le volume du ressort. Cette formule approximative, aussi bien que la formule rigoureuse

$$E \iiint dx\, dy\, dz \left[A^2 + B^2 + C^2 - \frac{1}{2} (AB + AC + BC) \right],$$

n'est autre chose que le travail fait par toutes les particules intérieures du corps élastique et qui est la conséquence de sa déformation. M. Lamé, dans son ouvrage sur *les corps élastiques*, publié en 1852, a rendu compte de ces résultats connus d'ailleurs depuis longtemps dans les ateliers que j'ai dirigés, par les applications que j'en ai fait faire au calcul des ressorts du matériel roulant. Ce travail sera l'objet d'un communication très-prochaine à l'Institut.

Le pont d'Asnières ayant été détruit lors des événements de 1848, on résolut de le remplacer par un pont composé d'une poutre unique en fer reposant sur quatre piles et deux culées. Je cherchai à cette occasion des formules permettant de calculer approximativement les dimensions qu'il convient de donner aux parties portantes. Elles furent appliquées depuis au calcul des ponts sur la Garonne, le Lot et le Tarn, construits pour le chemin de fer du Midi. Un Mémoire sur ce sujet a été l'objet d'une lecture récente faite par moi à l'Institut, il a été renvoyé à la Section de Mécanique. J'y démontre ce théorème :

« Une poutre élastique, à section constante, chargée sur chaque travée de » poids inégaux, mais également répartis sur chacune d'elles, repose sur des » appuis équidistants et alignés sur une même horizontale ; les moments des » forces tendant à opérer la rupture de la poutre au droit des appuis sont » liés par la loi suivante :

» Quatre fois l'un de ces moments ajouté à celui qui le précède et à celui » qui le suit sur les deux appuis adjacents forment une somme égale au poids » total du pont compris entre les deux appuis extrêmes, multiplié par le » quart de l'ouverture commune. — Une formule analogue, sauf de légères » modifications dans les coefficients, s'applique au cas où les ouvertures » sont inégales. »

Je donne les moyens de composer des séries de multiplicateurs numériques en nombre égal à celui des équations et jouissant de la propriété d'éliminer toutes les inconnues, une seule exceptée. La détermination des inconnues en nombre quelconque s'ensuit immédiatement.

Je soumettrai à l'Académie, dans une communication très-prochaine, les équations renfermant la solution du même problème, mais appliquée à des poutres d'égale résistance et offrant dans certains cas des résultats applicables d'une manière beaucoup plus rigoureuse à la pratique.

Parmi les nombreuses combinaisons mécaniques imaginées pour utiliser les chutes d'eau, aucune ne s'applique convenablement au cas très-fréquent où la chute est faible, mais le volume d'eau abondant, et où les niveaux d'amont et d'aval sont variables; il arrive d'ordinaire que la chute qui atteint son maximum en temps d'étiage diminue de hauteur à mesure que le volume d'eau s'accroît. J'ai imaginé pour cette circonstance une espèce de vis d'Archimède à axe horizontal; son diamètre à l'amont est plus petit qu'en aval, les parties cylindriques d'avant et d'arrière sont raccordées par une partie conique intermédiaire; la vis tourne dans un coursier de même forme, les spires sont en saillie sur le noyau. En temps d'étiage, le niveau de l'eau d'amont est au-dessous de l'axe de la vis. Pour un tour de vis, l'eau d'amont s'avance dans l'intérieur de la vis d'une quantité égale au pas; quand elle atteint la partie conique, son niveau s'abaisse puisque le diamètre de la vis s'accroît, et coïncide enfin avec le niveau d'aval quand elle occupe la partie cylindrique de l'arrière de la vis dont le diamètre est calculé pour cette fin.

Le noyau sur lequel est fixé la surface hélicoïdale, est lui-même composé de deux cylindres ayant même axe; celui d'amont est plus petit que celui d'aval, ils sont raccordés par une partie conique. Lorsque les eaux sont très-hautes, tous deux sont immergés, celui d'amont presque en entier, celui d'aval en partie; les diamètres du noyau à l'amont et l'aval sont calculés de façon à ce que l'eau qui a traversé la machine atteigne le niveau d'aval au moment où la communication va s'établir par suite de la rotation de la vis. Cette condition se trouvant ainsi satisfaite par les hautes et basses eaux, on peut admettre qu'elle le sera approximativement encore dans les états intermédiaires du régime de la rivière.

Cette machine satisfait à toutes les conditions qu'indique la théorie pour le bon emploi de la force motrice. Un modèle d'un mètre environ de diamètre a été exécuté en tôle de fer dans les ateliers de M. Cail, elle a fonctionné dans les bassins de Chaillot. Diverses préoccupations ayant ajourné la continuation des essais, le modèle a été retiré et détruit avant qu'il ait été procédé à une expérimentation régulière.

Un pont composé d'une poutre unique reposant sur plusieurs appuis, a les avantages bien connus qui résultent de l'encastrement. Mais lorsqu'il est formé d'une ouverture unique, on préfère renoncer à cet avantage à cause des difficultés sans nombre auxquelles donnerait lieu la réalisation de l'encastrement par les moyens connus. Deux ponts d'une ouverture de 30 mètres chacun, construits sur le chemin de fer du Midi, à la rencontre du *Ciron* et du *Drop*, offrent une solution de cette difficulté; ils ont la forme générale d'une poutre droite motivée par la grande élévation des eaux d'inondations ; à la rencontre des culées, la poutre se retourne d'équerre, de façon à figurer un U renversé, les deux branches verticales exercent sur les culées une pression que l'on règle très-aisément. L'ouvrage très-récent publié par MM. Molinos et Pronier sur la construction des ponts en fer fournit des détails très-circonstanciés sur ce mode nouveau de construction. L'économie à laquelle il conduit résulte des faits suivants : le pont en fer à poutres droites construit d'après mes indications sur le chemin de fer de Saint-Quentin à Herquelines a 30 mètres d'ouverture, le poids du fer qui entre dans la construction des poutres est de 77250 kilogrammes. Les poutres des ponts du Drop et du Ciron, construits dans le nouveau système avec la même ouverture, pèsent 50797 kilogrammes seulement. Le succès des ouvrages en chaudronnerie me fit penser à appliquer ce genre de travail à l'établissement des plates-formes tournantes, et les premières constructions de ce genre furent essayées par moi avec succès sur le chemin de fer du Nord.

Je termine là cet exposé rapide de ma carrière à la fois pratique et scientifique; je suis encore à l'heure qu'il est attaché avec le titre d'ingénieur conseil aux chemins de fer du Nord et du Midi. Je suis en outre, depuis un grand nombre d'années, chargé du Cours de machines à vapeur à l'École des Ponts et Chaussées.

Tels sont les titres que j'ai à faire valoir à l'appui de ma candidature et que j'ai l'honneur de soumettre à l'appréciation de l'Académie.

Paris. — Imprimerie de Mallet-Bachelier, rue du Jardinet, 12.

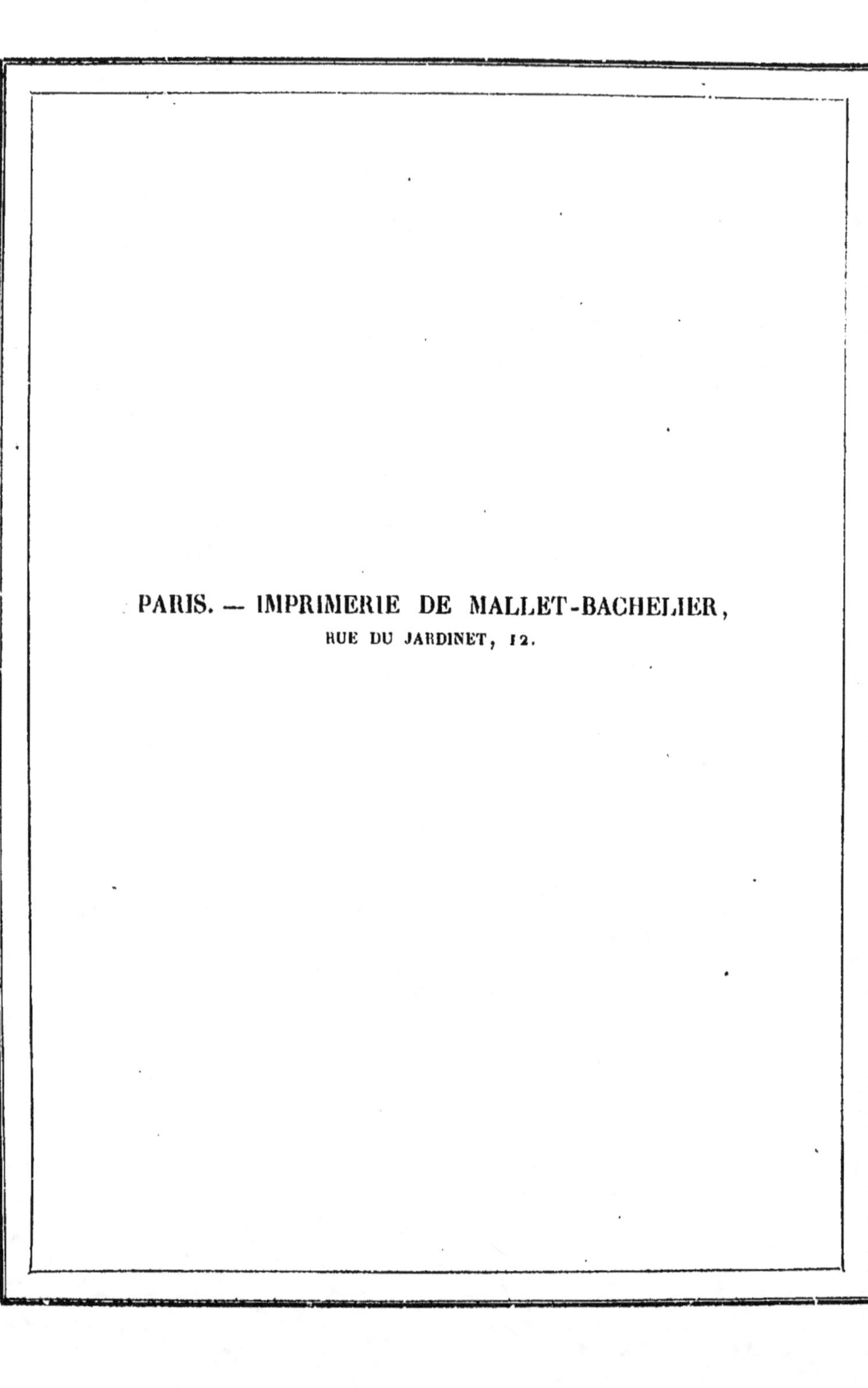

PARIS. — IMPRIMERIE DE MALLET-BACHELIER,
RUE DU JARDINET, 12.